쿵닥쿵닥 지금 내 마음은 뭘까?

감정 표현 사전

지금 내 마음은 뭘까? 감정표현사전

2019년 6월 5일 초판 1쇄 발행

글 | 신현신
그림 | 양수홍

펴낸이 | 정동훈
편집전무 | 장정숙
펴낸곳 | (주)학산문화사
등록 | 1995년 7월 1일 제3-632호
주소 | 서울시 동작구 상도로 282 학산빌딩
전화 | 편집문의 828-8872~3, 주문전화 828-8985
팩스 | 816-6471(편집부), 823-5109(영업부)

편집 | 송미진, 김상범
디자인 | 장현순
마케팅 책임 | 최낙준
마케팅 | 김관동, 이경진, 심동수, 고정아, 고혜민, 서행민
제작 | 김장호, 김종훈, 정은교, 박재림

ⓒ신현신, 양수홍 2019
ISBN 979-11-348-1227-0 74810
ISBN 979-11-348-1223-2 (세트)

※KC마크는 이 제품이 공통안전기준에 적합하였음을 의미합니다.
※이 책은 저작권법에 따라 한국 내에서 보호받는 저작물이므로 무단 전재와 무단 복제를 금합니다.
 이 책의 전부 또는 일부를 이용하려면 반드시 저작권자와 출판사의 동의를 받아야 합니다.
※잘못된 책은 바꾸어 드립니다.

감정 표현 사전

채우리

| 머리말 |

콩닥콩닥, 내 감정을 표현해도 될까?

어린이 여러분!

여러분은 화가 날 때, 기쁠 때, 좋아할 때, 보고 싶을 때 자신의 감정을 솔직하게 표현하나요? 그런데 어떤 친구들은 다른 사람을 좋아한다고 표현하는 게 쑥스러워 마음과 다르게 짓궂은 행동을 하는 것으로 자신의 감정을 표현할 때가 있어요. 또 친구에게 화가 났는데 화를 내면 그 친구가 싫어할까 봐, 감정을 나타내지 못하고 마음에 꾹꾹 담아 두기만 하는 친구도 있지요.

이렇게 속마음을 '속마음 그대로' 표현하지 않으면
사람들은 '나'에 대해 제대로 알 수가 없어요.
화가 나면 화가 난다, 신나면 신난다, 슬프면 슬프다!
이렇게 '속마음 그대로' 전할 줄 알아야 해요.
감정은 자신의 속마음이에요.
이 책을 통해 어떤 감정들이 있는지 알아보고, 자신의 감정을
솔직하게 표현할 줄 아는 어린이가 되었으면 좋겠어요.
그리고 친구가 자신의 감정을 솔직하게 표현하면
'그랬어? 그랬구나.' 하고 고개를 끄덕여 주는
'나'가 되어 준다면 좋겠어요.

신현신

| 차례 |

1. **고맙다** · 8
2. **긴장하다** · 12
3. **당황하다** · 16
4. **두렵다** · 20
5. **만족하다** · 24
6. **멋지다** · 28
7. **반갑다** · 32
8. **부끄럽다** · 36
9. **부럽다** · 40
10. **불편하다** · 44
11. **뿌듯하다** · 48
12. **사랑하다** · 52
13. **설레다** · 56
14. **속상하다** · 60
15. **시원섭섭하다** · 64
16. **신나다** · 68

17 실망하다 · 72

18 심심하다 · 76

19 아쉽다 · 80

20 안쓰럽다 · 84

21 안절부절못하다 · 88

22 우쭐하다 · 92

23 외롭다 · 96

24 의심하다 · 100

25 자랑스럽다 · 104

26 조마조마하다 · 108

27 지루하다 · 112

28 편안하다 · 116

29 허전하다 · 120

30 후회하다 · 124

고맙다

고맙다 남이 나를 도와준 것에 대해 마음이 즐겁고 흐뭇하다.

누군가가 나를 도와주어 고맙다는 감정이 들면 꼭 표현을 하세요. '고마워!' '고맙습니다!' 하고요. 그리고 '나'도 누군가에게 도움을 주는 어린이가 되세요.

두리는 체육 시간이 제일 좋아요.

하늘 높이 뛸 수도 있고 몸을 흔들 수도 있고 달릴 수도 있어서요.

"신나리, 나 오늘 달리기에서 일등 할 거야."

"넌 이등 할걸? 히히, 내가 일등 할 거니까."

그때 두리 옆을 지나가던 찬이가 한마디 했어요.

"일등은 바람처럼 빠른 날쌘돌이 내가 한다. 음하하하!"

아이들은 장난을 치면서 운동장으로 나갔어요.

"자, 네 명씩 달릴 거예요. 선생님이 이 깃발을 들면 뛰어요."

두리는 친구들과 줄 앞에 서서 선생님의 신호를 기다리다 드디어 뛰었어요.

그런데 힘껏 달리던 두리가 그만 넘어지고 말았어요.

"아얏!"

두리 무릎에서 피가 흘렀어요.

그때 저만큼 뛰어가던 보람이가 뛰다 말고 돌아와서 손을 내밀었어요.

"두리야, 아프지? 내 손 잡고 일어나."

두리는 보람이를 보는 순간 눈물이 핑 돌았어요.

"난 이따 선생님께 말해서 다시 뛰면 돼. 얼른 잡아."

두리는 보람이가 손을 잡아 준 게 참 좋았어요.

손끝에 닿은 보람이의 따뜻한 손길이 마음까지 전해져 무릎도 안 아픈 것 같았어요.

'보람이가 날 이렇게 생각해 주다니…….'

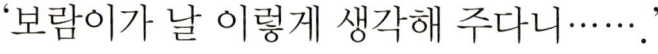

두리는 '네 덕분에 힘이 나!' 하는 눈짓을 보람이에게 보냈어요.

긴장하다

긴장하다 마음을 조이고 정신을 바짝 차리다.

자라 보고 놀란 사람은 자라랑 비슷한
솥뚜껑만 보아도 긴장한대요. 전에 물에 빠졌던
내 동생은 물만 보면 긴장을 해요.

"아이고, 배야!"

화장실에서 나온 두리는 배를 움켜쥐며 '엄마!'를 불렀어요.

"배가 자꾸 아파요."

"엄마가 차가운 음료수 많이 마시면 배 아플 수도 있다고 했지?"

엄마는 따뜻한 담요를 두리 배에 올려 주었어요.

배에 따뜻한 기운이 전해지자 아프던 배가 좀 가라앉는 것 같았어요.

다음 날, 학교가 끝나고 집에 가는데 나리가 음료수를 건넸어요.

"반두리, 네 거야! 조금 전에 엄마 만났는데, 내가 사 달라고 했어. 우리 엄마가 너도 주라고 했어."

두리는 받기는 했는데, 마실 수가 없었어요.

"두리야, 안 더워? 왜 안 마셔? 내가 빨대 줄까?"

나리는 새콤달콤하다며 아주 맛나게 마시는데 두리는 마실 수가 없었어요.

먹지도 않았는데 벌써 배가 아픈 것 같았어요.

사르르 사르르~!

전날 아팠던 것처럼요.

"난 안 마시고 집에 가져갈래. 어제 찬 음료 많이 마시고 화장실을 세 번 갔단 말이야. 또 그럴까 봐 싫어."

"이상하다, 난 아무리 마셔도 괜찮던데."

"나리야, 그럼 나도 조금만 마셔 볼까?"

두리는 배가 아플까 봐 겁을 내서 그런지 음료수가 하나도 맛있지 않았어요. 아무 맛도 모르고 겨우 몇 모금 마시기는 했는데 또 배가 아플까 봐 더는 마시지 않았어요.

당황하다

당황하다 갑작스러운 일에 놀라 어찌할 바를 모르다.

누구든지 당황하는 감정이 들 때는 평소대로 생각하기 어려워요.
그럴 때는 그 즉시 문제를 해결하려고 하지 말고 시간을 갖고
생각을 해 보세요. 더 나은 방법이 떠오를 거예요.

"어? 이게 뭐지?"

두리는 책상 속에 있는 종이쪽지를 보았어요.

노란색 쪽지는 아주 예뻤어요.

두리는 '누가 준 쪽지일까?' 하며 설레는 마음으로
종이를 폈어요.

종이에 삐뚤빼뚤한 글씨로

두리야, 나랑 오늘 놀이터에서 놀자!
난 네가 제일 좋아.

라고 적혀 있었어요.

두리는 보자마자 종이를 얼른 접어 책상 속에 휙 던져

넣었어요.

'난 아직 화 안 풀렸는데……. 이슬이는 언제나 자기 마음대로야.'

두리는 멀리 떨어져 앉아 있는 이슬이를 흘끔 바라보았어요. 그런데 그 순간, 이슬이랑 눈이 마주쳤어요. 이슬이가 씨익 웃어 보이자 가슴이 철렁, 두리는 얼른 눈길을 돌렸어요.

'피잇, 미안하다고 안 했으면서…….'

두리는 며칠 전에 이슬이랑 청소 시간에 말다툼한 뒤 아직 토라져 있는 상태예요. 분명히 이슬이가 잘못했는데 아무 일도 없었던 것처럼 쪽지를 보내니까 두리는 어떻게 해야 할지 몰랐어요.

'난 이슬이랑 안 놀 거야. 그런데 이슬이는 내가 제일 좋대? 어떻게 하지?'

두리는 해가 쨍쨍한 날 길을 걷다가 느닷없이 여우비를 만났을 때처럼 어찌할 바를 몰라 머뭇거렸어요. 한숨이 포옥 나왔어요.

두렵다 어떤 상대를 무서워하여 마음이 불안하다.

목줄 없이 돌아다니고 있는 개를 보면 두려워요, 또 물릴까 봐요. 엄마는 소매치기를 당한 뒤 낯선 사람이 다가오면 두렵다고 했어요.

"엄마, 어디 있어요?"

"화장실!"

엄마는 샤워를 하는지 한참이 지나도 나오지 않았어요.

그때 '딩딩딩딩 딩딩딩딩' 집 전화벨이 울렸어요.

두리는 전화를 받으며 엄마처럼 고운 목소리로 '여보세요?'라고 했어요.

"엄마 친구세요? 저 두리예요."

그런데 상대방이 아무 말도 하지 않았어요. 두리도 말하지 않고 가만히 귀 기울이고 있는데 갑자기 상대방이 '너 말이야!' 하며 큰 소리로 말했어요.

"문 열라고 했지? 왜 문 안 열어?"

두리는 너무 놀라 전화를 끊었어요.

손이 덜덜 떨렸어요.

"준아, 누나 무서워!"

"누나, 왜 그래?"

동생 준이가 달려와 깜짝 놀라며 물었지만 두리는 전화 걸었던 사람이 막 문을 두드릴까 봐 준이한테 '쉿!' 하며 조용히 하라고 했어요.

그런데 그때 전화벨이 또 울렸어요.

"받지 마, 준아!"

"왜?"

전화벨은 끊기지 않고 자꾸 울리는데 두리는 아까 그 사람이 또 걸었을까 봐 겁이 나서 받을 수가 없었어요.

자꾸만 '너 말이야!'하고 외치는 소리가 들리는 것

같아 고개를 저었어요. 모르는 사람이 막 소리치며 뒤쫓아 오는 것 같아 두리는 숨고 싶은 마음이 들었어요.

따리리리~
따리리리~

?

~무서워~

만족하다

만족하다 모자람이 없이 충분하다.

이번 받아쓰기 점수에 만족해요.
공부한 만큼 받았어요. 농부 아저씨는 벼가
잘 자랐다고 만족해했어요.

"엄마, 보람이 생일 선물 사야 해요. 돈 좀 주세요."

두리는 주방에 있는 엄마한테 가서 애교를 떨며 말했어요.

"그럼 약속하자. 이번만 엄마가 보람이 선물 살 돈을 줄 테니까 이제부터는 네가 일을 해서 돈을 버는 거야. 어때?"

두리는 고개를 갸웃거렸어요.

'나 같은 어린애가 어떻게 돈을 벌어? 엄마는 참!'

두리는 답은 않고 엄마를 빤히 바라다보았어요.

"설거지하면 500원, 신발 정리는 300원, 우편물 가져오기는 200원……, 또 뭐가 있을까?"

엄마는 일을 하면 용돈을 받을 수 있다는 것을 알려 주었어요.

"그래! 준이 동화책 읽어 주면 천 원, 어때?"

두리는 순간, 귀가 솔깃했어요.

"준이 동화책 읽어 주면 천 원이나 줄 거예요?"

엄마가 싱긋 웃으며 고개를 끄덕였어요. 그러고는 이 내용들을 적어 냉장고 문에 붙여 놓았어요.

"좋아요, 좋아! 아웅, 돈 많이 벌 거예요. 준이한테 동화책을 매일 읽어 줄 거예요."

두리는 준이 동화책 읽어 주기를 정말 열심히 했어요.

"난 용돈 벌려고 책 읽어 주는 건데, 준이는 나한테 최고의 누나래. 게다가 책을 읽으니까 내가 아주 똑똑해지는 것 같아. 이제 받아쓰기도 잘할 것 같고 독후감도 아주 잘 쓸 수 있을 것 같아. 완전 좋아!"

두리는 얼굴에 웃음꽃을 피워 가며 즐거워했어요.

멋지다 아주 훌륭하다.

멋진 일을 하는 친구를 보거나 자신이
멋진 일을 했을 때는 꼭 표현해 주세요.
칭찬을 아낌없이 해 주세요.

두리는 나리와 교문으로 걸어 나오다가 꽃밭에 음료수병이 있는 것을 보았어요.

"두리야, 누가 꽃밭에 쓰레기 버렸을까?"

"에이, 정말 나쁘다. 우리가 줍자!"

두리는 꽃밭에 나뒹구는 병을 주워 교실 뒤편에 있는 재활용 통에 넣었어요.

"아이, 더러워. 손에 흙 다 묻었어."

두리는 얼굴을 잔뜩 찡그렸어요.

그런데 교문쯤 왔을 때 껌 종이, 요구르트병이 떨어져 있는 것을 또 보았어요.

"으응? 오늘은 왜 이렇게 많은 거야?"

두리는 손에 더러운 게 묻는 게 싫었지만 쓰레기를 주웠어요.

"두리야, 나 비닐봉지 있어."

나리는 비닐봉지만 주고 그 자리에 가만히 서 있기만 했어요. 봉지를 받아든 두리는 쓰레기를 주워 담고요.

"신나리, 넌 왜 안 줍냐?"

"히히, 난 지저분한 것 안 만져."

"그래? 그럼 내가 내일 장갑 열 개 가져올게. 하여튼 쓰레기를 버리는 애들은 학교를 사랑하지 않는 애들이야."

"나보러 다 주우라고?"

"너랑 나랑은 학교뿐만 아니라 지구를 사랑하는 울트라 짱짱 어린이잖아."

두리는 두 주먹을 쥐어 보이며 씩씩하게 말했어요.

두리는 오늘 자신이 한 행동이 무척 마음에 들었어요.
학교를 깨끗하게 만들기 위해서 노력한 자신이 얼마나
훌륭해 보이는지, 스스로 머리를 쓰다듬어 주었어요.

반갑다

반갑다 보고 싶던 사람을 만나 마음이 기쁘다.

인당수에 빠진 청이를 만났을 때 청이 아버지는 무척 반가웠을 거예요. 할아버지는 고향 사람을 만나게 되어 아주 반갑다고 하셨어요.

두리는 공원을 지나가다 뒤돌아보았어요.
"어, 하늘이 같은데? 맞는 것 같은데?"
두리는 그 자리에 서서 가만히 바라다보았어요.
모자를 쓰고 있는 그 아이는 공원 놀이터에서 미끄럼틀을 타고 있었어요.
"맞아, 오하늘이야!"
하늘이는 유치원 때 친구예요. 두리와 단짝 친구라 수영장도 같이 가고 그림 수업도 같이했었는데 이사를 가면서 헤어지게 되었어요.
두리는 하늘이가 이사 가는 날, 펑펑 울었어요.
"다시는 하늘이 못 봐요? 엄마, 우리도 하늘이네

동네로 이사 가요."

하면서 두리는 슬퍼했어요.

그런데 그 하늘이가 바로 앞에 있는 거예요.

두리는 큰 소리로 불렀어요.

"오하늘! 너 오하늘 맞지?"

모자 쓴 친구가 두리를 바라다보았어요.

"와! 두리다, 두리!"

하늘이가 맞았어요. 두리는 쏜살같이 달려가서 하늘이를 안았어요.

"오하늘, 오하늘, 오하늘……."

하늘이 이름을 부르면서 두리는 팔짝팔짝 뛰었어요.

"네 목소리가 들려서 깜짝 놀랐어."

"내가 너희 집에 들렀다 가자고 했는데 엄마가 금세 가야 한다고 해서……."

하늘이도 좋아서 팔짝팔짝 뛰었어요.

두리는 다시는 못 만날 줄 알았던 하늘이를 보게 되어 정말 좋았어요. 전에 미국에서 일 년 만에 돌아온 삼촌을 만났을 때처럼 기쁨이 퐁퐁 샘솟았어요.

부끄럽다 일을 잘못 처리해 떳떳하지 못하다.

청소하기 싫어서 배가 아프다고 꾀병을
부린 게 부끄러워요. 질서를 지키지 않는 사람들은
부끄러워해야 해요.

"누나, 그만해. 시간 지났어."

"싫어."

두리는 준이를 흘끔흘끔 바라보며 계속 게임을 했어요.

"난 누나 말 잘 듣는데, 누나는 왜 내 말 안 들어? 이제는 내 차례야."

"조금만 기다리라니까."

두리는 준이랑 아웅다웅했어요.

두리는 책상 위에 숙제할 것을 펴 놓고 '삼깐만 해야지.' 하고는 벌써 40분째…….

"누나는 내일은 절대로 하면 안 돼. 시간 지키지

않았으니까 벌이야. 알았지?"

그때 보람이한테 전화가 왔어요.

"아, 맞다! 나리한테 알림장 전해 주러 가기로 했지? 내 동생이 숙제 같이해 달라고 해서 늦었어. 지금 번개처럼 달려갈게."

두리는 놀이터에서 보람이와 만나기로 한 약속을 게임을 하느라 잊고 있었어요.

"반준, 컴퓨터 그대로 놔둬."

두리는 정신없이 알림장을 들고 뛰어나갔다가 금세 들어왔어요.

준이는 두리한테 화를 냈어요.

"누나 거짓말쟁이지? 나 누나랑 안 놀아."

"뭐? 내가 왜 거짓말쟁이냐?"

두리는 새초롬한 표정으로 이렇게 말했지만 준이가

왜 화가 나 있는지 알고 있었어요.

두리는 순간, 준이 얼굴을 볼 수가 없었어요.

보람이한테 준이 핑계를 댄 게 아주 많이 미안했어요.

두리는 준이가 쳐다보는 걸 알면서도 눈맞춤을

하지 않고 고개를 돌렸어요.

부럽다 남의 좋은 일이나 물건을 보고 자기도 그렇게 되거나 갖기를 바라는 마음이 있다.

다른 친구를 보고 부러운 감정이 들 때가 있지요?
그럴 때는 '난 뭘 잘하지?' 하고 생각해 보세요.
그 친구가 부러워하는 멋진 점이 있을 거예요.

"드디어 장기 자랑 시간이에요!"

어린이날을 앞두고 선생님은 장기 자랑 시간을 주었어요.

"아우, 떨려! 보람아, 난 노래만 하면 목소리가 달달달 떨려."

두리는 보람이한테 말하면서 목소리를 가다듬었어요.

"두리야, 오늘은 떨지 말고 잘해. 내가 응원 많이 해 줄게."

"역시 보람이밖에 없어. 참, 봄이는 뭐 한대?"

사실 두리의 관심사는 봄이한테 있었어요. 학교 올 때 보니까 봄이 가방에서 비어져 나온 옷이 반짝반짝 아주 눈에 띄었거든요.

"봄이는 벨리 댄스 한댔어. 너도 알지? 봄이 벨리 학원에 다니는 것?"

"어머, 부끄럽겠다. 그 옷은 배꼽 다 보이잖아?"

"히히, 벨리 할 때 입는 옷은 다 그렇잖아."

드디어 장기 자랑 시작!

보람이는 '100명의 위인들' 노래를 불렀어요. 그 노래를 다 외워서 불렀다는 건 보람이가 똑똑하다는 거예요.

두리는 '올챙이와 개구리 송'을 불렀어요. 떨며 부르긴 했지만 귀엽게 잘 불렀어요.

드디어 아이들의 눈길을 확 끈 김봄의 벨리 댄스!

반짝반짝하는 봄이의 빨간 옷은 정말 예뻤어요. 음악이 흐르자 봄이가 신나게 몸을 흔들었어요.

아이들이 박수를 쳤어요. 와와, 탄성도 질렀어요.

두리는 그 순간, 봄이처럼 되고 싶었어요.

'아, 나도 김봄처럼 박수받고 싶어. 나도 봄이처럼 멋지게 춤추고 싶어.'

불편하다 몸이나 마음이 편하지 않고 괴롭다.

치과에서 꼼짝도 못 하고 치료를 받는 동안
아주 불편했어요. 친구와 다투고 화해하지 않은 동안
친구를 볼 때마다 불편했어요.

"준아, 이것 누나 줘라."

"싫어!"

"너, 누나 말 잘 들어야 퍼즐 같이해 줄 거야. 누나 이 수첩 진짜 갖고 싶었단 말이야."

"그 수첩은 절대 안 돼."

두리는 준이가 생일 선물로 받은 수첩을 가졌어요. 준이가 싫다고 하는데도요.

두리는 첫 장을 펴서 자기 이름을 커다랗게 써넣었어요.

"귀여운 외계인이 셋이나 그려져 있네."

두리는 수첩을 갖게 되어 기분이 아주 좋았어요.

그런데 준이 얼굴이 점점 슬퍼 보였어요.

화장실에 가다가, 주방에 가다가, 안방에 가다가 준이 얼굴을 보았는데 준이 얼굴에 슬픔이 가득했어요.

"그냥 준이 돌려줄까? 아니야, 금세 괜찮아질 거야."

준이가 걱정스러웠지만 두리는 그냥 수첩을 가방에 넣어 두었어요.

그런데 마음 한구석이 자꾸만 따끔거렸어요. 전에 손에 가시가 박혔을 때처럼 마음대로 뭘 할 수가 없었어요.

"하나도 기쁘지가 않아. 갖고 싶은 것을 가졌는데 갖지 않았을 때보다 좋은 게 하나도 없어."

두리는 먹지 말라고 한 것을 빼앗아 먹은 것처럼, 입지 말라고 한 옷을 빼앗아 입은 것처럼 자꾸 준이 눈치를 보게 되었어요.

뿌듯하다 기쁨이 마음에 가득 차다.

뿌듯한 감정이 들 때는 '내가 이 일을 해냈어!' 하는 성취감과 함께 자신감도 생긴답니다. 자신이 할 수 있는 일에 많이 도전해 보고, 맘껏 기쁨을 표현해 보세요.

"준이가 열이 있나 보네. 가만 보자, 약이 있나?"

엄마는 약을 찾아보다가 '아이고, 없잖아.'라고 했어요.

"엄마가 약 사 올게. 준아, 조금만 누워 있어."

엄마가 약국에 가려고 하는데 준이가 막 울었어요. 가지 말라고요.

두리는 이 순간, 자신이 다녀와야겠다는 생각을 했어요. 하지만 한 번도 혼자 약국을 다녀온 적이 없어 겁이 났어요. 과자를 사러 슈퍼는 많이 갔지만, 슈퍼 옆 약국은 간 적이 없어 망설여졌어요.

하지만 두리는 용기를 냈어요.

"엄마, 제가 다녀올게요. 엄마가 종이에 적어 주세요. 제가 약사님께 종이 드리고 약 달라고 할게요."

"할 수 있겠어? 그래, 종이에 적어 주면 되겠다. 찻길 건너지 않아도 되니까, 그럼 한번 갔다 와 봐."

두리는 종이를 들고 약국을 찾아갔어요.

약사님은 두리에게 '심부름도 잘하네.' 하면서 칭찬을 해 주었어요. 두리는 약을 받아들고 집에 왔어요.

"우리 두리가 엄마 대신 약을 다 사 오고, 기특해."

두리는 딸 노릇을 해낸 것 같아 아주 기뻤어요.

약을 먹고 한숨 자고 일어난 준이는 '누나, 이제는 안 아파.'라고 했어요.

그 순간, 두리는 누나 노릇도 아주 잘한 것 같아 기뻤어요. 마음속에서 칭찬의 박수 소리가 아주 크게 들리는 것 같았어요.

사랑하다

사랑하다 어떤 사람을 몹시 아끼고 귀하게 여기다.

사랑하는 감정이 들 때는 꼭 표현을 하세요. 표현하지 않으면 그 누구도 사랑하고 있다는 것을 모른답니다. 엄마가 내게 '사랑해'라고 말해 주면 기쁜 것처럼 상대방에게도 말해 주세요.

"이런, 갑자기 비가 쏟아지네. 우리 공주님을 비 맞게 할 수는 없지."

두리는 아빠와 단둘이 박물관에 왔어요. 그런데 그곳에 도착해 주차를 하는데 비가 쏟아지기 시작했어요. 먹구름이 많기는 했지만 이렇게 비가 쏟아질 줄은 몰랐어요.

"비가 멈출 것 같지 않으니, 우산을 장만하는 게 낫겠어."

아빠는 주위를 두리번거리다 우산을 사러 갔다 오겠다고 했어요. 두리는 비를 피할 수 있는 곳에 서 있었고요.

빗속을 뛰어가 우산을 사 온 아빠는 두리에게 손짓을 했어요.

"자, 얼른 박물관 구경 가자."

두리는 아빠가 쥐고 있는 우산 속으로 쏘옥 들어갔어요.

"아빠, 아빠도 우산 쓰세요. 나만 씌워 주지 말고요."

두리는 아빠가 우산을 자기 쪽으로 기울여 씌어 주고 있는 것을 알았어요.

"아빠 옷 다 젖어요. 빨리 아빠도 우산 써요."

"두리 공주님, 괜찮아요. 우리 딸이나 비 맞지 않게 얼른 아빠한테 딱 붙어요."

아빠는 비 맞을까 봐, 두리 어깨를 포근하게 감싸 주었어요.

"두리 춥구나? 아빠 점퍼 걸쳐라."

두리는 조금 추웠지만 아니라고 했어요. 점퍼를 벗으면 아빠가 추울까 봐요.

두리는 아빠를, 아빠는 두리를 걱정해 주며 걸었어요.

두리는 자신을 보살펴 주는 아빠가 비바람 속을 헤치고 먹이를 구해 오는 엄마 새 같다고 생각했어요.

설레다

설레다 마음이 들떠서 두근거리다.

새 가방을 메고 학교에 갈 생각을 하니 설레요.
일요일에 가족이랑 놀이공원에 갈
생각을 하니 설레요.

"와! 드디어 내일 소풍이다!"

두리는 물론 두리네 반 친구들은 환호성을 쳤어요.

"두리야, 나 내일 캐릭터 김밥 싸 올 거야. 너 꼭 줄게. 우리 엄마 진짜 잘 만들거든."

"우리 엄마는 포도 젤리 사 준댔어. 나눠 먹자."

두리는 배낭 가득 맛있는 것을 갖고 소풍 갈 것을 생각하니 웃음이 절로 나왔어요.

"반두리, 낼 기차놀이 할 건데 너 끼워 줄까 말까?"

찬이 물음에도 두리는 다른 날과 달리 싱글벙글 웃으며 말했어요.

"나 없으면 기차가 갈 수 없다는 것만 알면 돼."

집으로 돌아온 두리는 종알종알, 엄마한테 소풍 이야기를 했어요.

"비 오면 어떡하죠? 설마 비는 안 오겠지요? 엄마, 제 모자 어디 있어요?"

"저렇게도 좋을까? 하긴 소풍날보다 가기 전날 기분이 엄청 좋긴 하지."

두리는 이 방 저 방을 다니며 모자를 찾았어요. 그리고 신고 갈 운동화도 챙겨 놓았어요.

"반두리, 그만 자야지. 그래야 낼 소풍 가서 신나게 놀 수 있어."

엄마가 이렇게 말하는데도 두리는 기분이 들떴어요. 두리는 이미 소풍을 가서 비눗방울 놀이를 하는 것처럼 하늘 높이 마음도 동동, 비눗방울도 동동, 웃음도 동동! 잠을 잘 수가 없었어요.

속상하다

속상하다 화가 나거나 걱정이 되어 마음이 불편하다.

속상한 감정이 들 때는 친구에게 자신의 마음을 알리세요. '내 마음이 안 좋으니, 하지 말았으면 좋겠어.' 하고요. 친구에게 알리지 않으면 그 친구가 다음에 또 그렇게 할 수 있으니까요.

"어, 국물이 묻었네!"

두리는 쉬는 시간에 옷에 묻은 김칫국물 자국을 보았어요.

"에이, 할 수 없지 뭐."

두리는 신경 안 쓰고 친구들이랑 장난을 쳤어요.

그런데 그때 찬이가 지나가다 '어?' 하며 크게 소리쳤어요.

"반두리, 너 아기지?"

어찌나 큰 소리로 말하는지 반 친구들이 동시에 쳐다보았어요.

"그러니까 흘리고 먹지. 반두리는 아기래요,

아기래요, 아기래요."

음을 붙여서 막 노래로 불렀어요.

그러자 뒤쪽에 있던 다빈이가 두리 자리로 뛰어와 찬이처럼 노래를 불렀어요.

"아기래요, 덜렁대는 아기래요."

두리는 양손을 허리에 올리고 큰 소리로 따졌어요.

"흘릴 수도 있지 뭘 그러냐? 너는 그런 적 없어?"

이렇게 쏘아붙여 주었는데도 기분이 나빴어요.

반 아이들이 다 알도록 큰 소리로 말한 찬이와 다빈이가 너무 미웠어요. 아이들이 자신을 깨끗하지 못한 아이로 볼까 봐 마음이 안 좋았어요.

두리는 너무 화가 나 씨익 씨익! 지난주에 하얀 원피스를 입고 가다 흙탕물이 튀었을 때처럼 울고 싶은 마음이었어요.

시원섭섭하다 한편으로는 좋으나 다른 한편으로는 섭섭하다.

엄마는 며칠 동안 돌보아 준 친구네 강아지가 가는 것을 보고 시원섭섭하다고 했어요. 목욕시키는 힘든 일은 안 해서 좋은데 못 보게 되니까 섭섭하다고 하면서요.

"반두리, 김태민 전학 간대."

"진짜야?"

두리는 보람이 말을 듣고 목소리를 높여 물었어요.

"장난꾸러기 태민이가 전학 가면 좋지 뭐. 난 김태민 좀 얄미워."

두리는 학교 가는 길에 소식을 듣고 교실에서 태민에게 물었어요.

"너 전학 가? 어디로?"

"멀리 가."

"그럼 다시 이 학교로 안 와?"

"응, 안 와."

두리는 음악 시간 내내 태민이 얼굴만 바라다보았어요.

'피잇, 가지 말지. 날 약 올려서 울린 적도 많긴 하지만, 잘 웃기기도 해서 좋은데.'

태민이가 전학 간 뒤에 비어 있을 태민이 자리를 생각하니 두리는 눈물이 핑 돌았어요.

수업이 끝나고 집에 오는 길, 보람이가 물었어요.

"두리야, 너 아까 수업 시간에 왜 김태민만 쳐다봤어? 내가 다 봤어."

"태민이가 전학 간다니까 마음이 이상해. 맨날 약 올려서 다른 반으로 갔으면 했는데, 막상 전학을 간다니까……."

"나도."

"앞니를 뺐을 때, 딱 그 기분이야. 빼고 나니까

안 아파서 좋긴 한데, 늘 있던 게 없으니까 정말 이상했거든. 보람아, 너도 그 기분 알지?"

두리는 뒤돌아서서 며칠 뒤면 전학을 갈 태민이를 바라다보았어요.

신나다 어떤 일에 재미를 느껴 기분이 매우 좋아지다.

자전거를 탈 때 바람이 등을 밀어 주면 더 신나요.
퀴즈를 풀 때면 내 동생은 신이 나
엉덩이를 들썩거려요.

"조금만 더 조금만 더!"

두리는 오늘도 놀이터에서 줄넘기를 했어요.

"3백 번은 쭉 해야 음악 줄넘기 팀에 들어갈 수 있댔어."

그런데 마침 그 옆을 지나가고 있던 찬이가 두리를 보고 물었어요.

"반두리, 이 더운 날 줄넘기하는 게 그렇게 좋냐? 가만있어도 땀이 난다, 땀이 나."

"나, 음악 줄넘기하고 말 거야."

"네가? 그 팀에 들어가면 연습에 절대 빠지면 안 된댔어. 넌 피아노 학원도 툭 하면 빠지잖아."

"그건, 나랑 피아노가 안 맞아서 그래. 난 건반을 두드리면 엉덩이에 뽀루지가 난단 말이야."

"하여튼 누가 뻥쟁이 아니랄까 봐."

"난 음악 줄넘기로 세계를 대표하는 반두리가 될 거니까, 미리 사인 받아 두는 게 좋을걸?"

한 달 뒤, 두리는 음악 줄넘기 팀에 들어가기 위해 시험을 봤어요. 심장이 콩닥콩닥!

"자, 반두리! 줄넘기 50개만 해 보자!"

선생님 앞에서 해 보려니 두 다리가 덜덜덜~! 하지만 크게 숨을 한 번 내쉬고는 첫발을 뛰었어요.

두근두근! 어찌나 긴장이 되는지 간신히 마흔여덟, 마흔아홉, 드디어 쉰!

"반두리 합격!"

두리는 그 순간 환호성을 터뜨렸어요. 뛰어오르면 슝! 하고 하늘로 날아오를 것처럼, 또 날개 없이도 하늘을 날 것처럼 마냥 좋았어요.

실망하다 바라던 일이 뜻대로 되지 않아 기분이 가라앉다.

누구나 실망한 적이 있을 거예요. 실망감이 들 때는 '다음에 또 기회가 있을 거야.' 하고 자신에게 말해 주세요. 그러면 힘이 나면서 가라앉았던 기분이 나아질 거예요.

두리는 잔뜩 기대하고 학교에 왔어요.

"보람아, 꼭 우리 둘이 짝하자."

"응, 나도 너랑 짝하고 싶어."

두리는 마음이 따뜻한 보람이가 좋아서 이번에는 꼭 짝꿍을 하고 싶었는데 뜻대로 되지 않았어요.

"나, 너랑 짝하기 싫은데……."

하면서 가방을 옮겨와 자리에 앉은 아이는 찬이였어요. 제비뽑기로 했는데 최찬이 짝이 된 거예요.

한 달 동안 보람이와 재미있게 지내려고 기대했던 두리는 '우우우' 우는 소리를 냈어요.

"자, 한 달 동안 새로운 짝꿍이랑 잘 지내기로 해요.
이제 받아쓰기 시험 봅시다."

'받아쓰기만큼은 내 뜻대로 백점 맞을 거야.'

그런데 알쏭달쏭한 게 많았어요.

"먹게씁니다? 먹겠습니다? 정말 모르겠어."

두리는 곰곰이 생각하다 소리 나는 대로 적고 말았어요.

"박아지? 바가지? 아, 이것도 헷갈려."

두리는 받아쓰기에서 세 개를 틀렸어요.

"우우, 오늘은 내 뜻대로 된 게 하나도 없어.
보람이랑 짝도 안 되고, 백점도 못 맞았어."

두리는 외계인 인형을 생일 선물로 기대했다가 못 받았을 때처럼 기분이 추욱 가라앉았어요. 어깨도 추욱, 눈꼬리도 추욱 내려왔어요.

심심하다

심심하다 하는 일이 없어 지루하고 재미가 없다.

사람이 살지 않는 무인도에 나 혼자 있으면
심심할 것 같아요.
시골에서 혼자 사시는 할머니는 심심하실 거예요.

"야호! 엄마랑 준이가 오려면 한 시간은 더 걸릴 거라고 했어."

두리는 학교에서 돌아와 거실 한가운데 누워 아주 좋아라 했어요.

"뭘 하면 좋을까? 지금부터 내 마음대로 놀아야지."

두리는 그동안 준이 때문에 맘껏 못했던 게임도, 준이가 만지지 못하게 했던 로봇도 꺼내 놓고 놀았어요.

그러나 생각만큼 재미있지 않았어요. 혼자 놀면 아주 신날 것 같았는데 그렇지가 않았어요.

"악당놀이를 하려면 준이가 적을 해야 하는데……. 선생님놀이도 준이가 학생을 해야 재미있는데……."

두리는 거실을 등으로 밀며 돌아다녔어요. 마치 바닥을 청소하는 것처럼요.

"아, 뭐 하지? 보람이 오라고 할까?"

두리는 학교에서 헤어질 때 보람이가 곧장 피아노 학원 간다고 했던 것이 생각났어요.

"그럼 나 누구랑 놀지?"

두리는 일어나서 토끼처럼 뛰어 보았어요. 귀신 흉내도 내보았어요.

"이것도 재미없어. 엄마가 토끼처럼 귀엽다고 해야 재미있는데. 준이가 진짜 귀신 같다며 무서워해야 재미있는데……."

두리는 철퍼덕 거실 바닥에 주저앉았어요.

"보는 사람이 아무도 없으니까 재미가 하나도 없어. 아~ 흠, 하품만 나와."

두리는 나무에 매달려 종일 잠만 자는
축 늘어진 나무늘보가 된 기분이 들었어요.
빨리 엄마랑 준이가 돌아와 집 안이
시끄러워졌으면 좋겠다고 생각했어요.

아쉽다 미련이 남아 서운하다.

수영장에 못 가서 아쉬웠어요.

비가 그쳐야 간다고 했는데 그쳤던 비가 다시 와서요.

한 표 차로 반장이 못 된 게 아쉬웠어요.

"퀴즈를 맞히는 수만큼 쿠폰을 고를 수 있어요. 열 개를 맞히면 쿠폰 열 개, 세 개를 맞히면 쿠폰 세 개, 알았지요?"

선생님이 만든 쿠폰은 아주 여러 가지였어요.

원하는 자리에 앉기 쿠폰, 과자 한 봉지 쿠폰, 짝꿍 쿠폰, 첫 번째로 공차기 쿠폰, 제일 먼저 교실 문 나가기 쿠폰, 등등!

두리는 다 탐이 났어요. 열 개를 다 갖게 되면 학교생활이 너무 즐거울 것 같았어요.

'반두리는 한다면 해! 쿠폰 열 개 도전'

"준비되었지요? 자, 시작합니다."

두리는 잔뜩 기대를 하고 정신을 바짝 차려 문제를 듣고 답을 썼어요.

"답은 피노키오입니다!"

"와, 나 맞혔다!"

선생님이 답을 말하자 두리가 엉덩이를 들썩였어요.

두리는 다음 문제도 맞혔어요.

눈은 반짝, 귀는 솔깃, 정신은 번쩍, 두리는 9번까지 다 맞혔어요.

"한 개만 더! 한 개만 더 맞히면 쿠폰 열 개!"

그러나 두리는 '신사임당'을 '신라임당'으로 써서 그만 틀리고 말았어요.

"아, 안 돼, 안 돼! 다 맞힐 수 있었는데……."

두리는 눈물이 핑 돌았어요. 울음이 금세 터질 것 같았어요.

"선생님, 서비스로 다른 문제 하나만 더 내주세요. 저 잘할 수 있어요……."

두리는 딱 한 개 남은 떡볶이를 입에 넣으려던 순간 땅에 떨어뜨렸을 때처럼 눈물이 날 만큼 서운했어요.

안쓰럽다 나보다 어리거나 약한 사람이 힘들어 보여 마음이 아프다.

동생이 감기에 걸려 밥을 못 먹어서 안쓰러워요.
둥지에서 떨어진 아기 새가 많이 다친 것 같아
안쓰러워요.

"비 오는 날은 정말 싫어. 보람아, 너도 그렇지?"

두리는 빨간 장화를 신고 노란 우산을 쓰고 보람이와 공원을 지나 집으로 가고 있었어요.

"응, 나도 싫어. 못 놀잖아."

보람이는 물웅덩이가 있을 때마다 깡충 뛰어 건넜어요. 그런데 정자 앞에 왔을 때 정자 밑에서 고양이 울음소리가 들렸어요.

야옹!

두리와 보람이는 고개를 낮춰 들여다보았어요. 아기 고양이가 있었어요. 아기 고양이는 두리와 보람이가 쳐다보자 눈길을 피해 더 깊숙이 들어갔어요.

"어머, 아기 고양이가 추운가 봐. 보람아, 고양이가 떨고 있어."

두리는 걱정이 되었어요.

"어떡하지? 내일까지 비가 계속 오면 아무것도 못 먹을 텐데."

보람이도 걱정이 되었어요.

두리와 보람이는 점점 더 아기 고양이가 슬프게 우는 것 같아 그냥 갈 수가 없었어요.

"야옹아, 이리 와 봐."

두리는 가방에서 책상 닦는 작은 수건을 꺼내 바닥에 펴 주었어요.

"야옹아, 이리 와서 누워. 덜 추울 거야. 내가 집에 가서 먹을 것 갖다 줄 테니까 울지 말고 있어. 알았지?"

두리는 보람이와 서둘러 집으로 갔어요.

"보람아, 먹이로 뭘 갖다 주면 좋을까? 비 오는 날,

혼자 있는 아기 고양이가 너무 안됐어."

두리는 걷는 동안 아기 고양이를 자꾸

뒤돌아보았어요. 지난겨울, 준이랑 만들었던 눈사람을

혼자 공원에 두고 왔을 때처럼 마음이 아팠어요.

안절부절못하다 마음이 초조하고 불안하여 어찌할 바를 모르다.

안절부절못한 감정이 들 때는 윗사람한테 상황을 이야기하고 어떻게 하면 좋을지 물어보는 게 좋아요. 마음이 초조할 때는 제대로 결정을 내리기 어려우니 다른 사람과 이야기를 나누어 보세요.

두리는 교문 앞에 왔을 때야 생각이 났어요. 친구가 들고 가는 준비물을 보고서야

"집에 갔다 오면 늦을 텐데. 그렇다고 준비물 없이 그냥 교실로 갈 수도 없고. 아이참……."

하며 발을 동동 굴렀어요.

"엄마도 오늘은 일찍 나간다고 하셨는데."

두리는 집에 가지도, 교실로 들어가지도 못하고 한동안 교문 앞에 서 있었어요.

그때 나리가 뛰어왔어요.

"두리야, 뭐 해? 가자."

나리가 손을 잡고 이끌었지만 두리는 울상을 지으며

말했어요.

"나, 접시 안 가져왔어. 어떻게 해? 샌드위치 담을 접시 깜빡했어."

그 순간, 나리도 울상을 지었어요.

"나도 깜빡했어. 난 오이 담당인데."

두리와 나리는 교문 앞에 서서 어떻게 해야 할지를 몰라 발만 동동 굴렀어요.

"두리야, 집에 갔다 오자."

"안 돼. 학교 지각하면 청소 열 번이잖아. 난 싫어."

"그럼 요리 시간에 어떻게 해? 친구들한테 미안하잖아."

"넌 집에 갔다 올 거야? 지각하면 안 되는데……."

두리는 이렇게 해야 할지 저렇게 해야 할지 몰라 발만 동동, 몸을 배배 틀었어요.

우쭐하다

우쭐하다 뜻한 바를 이루어 뽐내다.

축구에서 이긴 친구는 우쭐해 하며 보란 듯이 운동장을 뛰어다녔어요. 백설공주에 나오는 왕비는 '왕비님이 제일 예뻐요.'란 말에 우쭐했을 거예요.

오늘은 동시 외우는 날!

두리는 한 달에 한 번 있는 동시 외우는 날을 좋아해요.

"나리야, 너 다 외웠어? 완벽해?"

"우리 엄마가 완벽하지 않아도 된댔어. 감정을 살려서 하는 것만 연습하랬어."

두리는 자리에 앉아 종알종알 자신이 외울 동시를 외워 보았어요.

"두리야, 네가 우리 반에서 제일 잘 외우는 것 같아. 동시에 해님이 나오면 환하게 웃고 구름이 나오면 얼굴을 찌푸리고, 꼭 연기하는 것 같아."

"내가 좀 잘하긴 하지. 난 타고났다니까."

두리는 보람이의 칭찬에 어깨를 으쓱해 보이며 자신의 차례를 기다렸어요.

드디어 두리 차례, 두리는 통통 튀는 밝은 느낌으로 동시 한 편을 아주 잘 외웠어요.

"꼭 노래하는 것 같구나. 두리는 무대에 서는 걸 좋아하는 것 같아."

"맞아요. 두리 목소리는 꾀꼬리 같아요."

웬일로 나리가 칭찬을 해 주었어요.

두리는 기분이 좋아 의기양양했어요.

'나야 원래 잘하잖아. 다음에 더 잘하면 모두 놀라 쓰러지겠군.'

자리로 돌아온 두리는 찬이가 하는 걸 지켜보았어요.

찬이도 잘했어요. 하지만 두리는 속말을 했어요.

'개미가 코끼리 따라오려면 아직 멀었어. 여기서 말하는 코끼리는 바로 나야, 나!'

두리는 '우리 반에서 제일 잘한다는 칭찬'에 다른 친구들이 하는 게 시시해 보였어요.

외롭다

외롭다 혼자 있게 되거나 의지할 곳이 없다.

외로운 감정이 들 때는 가족과 친구들을 떠올려 보세요.
'난 혼자가 아니야.'란 생각이 들 거예요. 함께 즐거웠던
일들을 생각하면 기분이 나아질 거예요.

"나리랑 보람이는 잘하고 있겠지?"

두리는 단짝 친구 나리랑 보람이가 노래 대회에 나가 방과 후 교실에 혼자 왔어요.

"두리야, 나리랑 보람이는 안 왔어?"

늘 붙어 다니던 친구가 안 보이자 방과 후 선생님이 물었어요.

"네에, 노래 대회에 나갔어요."

"그런데 왜 이렇게 축 처져 있니?"

"그냥 기분이 안 좋아요. 저 혼자 있으니까 신나지 않아요."

"그렇구나."

두리는 의자에 가방을 탁 놓으며 앉았어요.

"오늘은 친구 얼굴을 만들어 볼 거예요.

이 찰흙을 갖고 눈도 만들고 코도 만들어 봐요.

아주 재미있겠지요?"

두리는 다른 반 친구들 사이에 혼자 앉아 찰흙을 빚었어요.

'나리는 잘 웃으니까 웃는 얼굴로 해야지.'

'보람이는 코가 오똑해.'

두리는 찰흙을 조몰락거리며 재미있게 만들어 보려고 했어요.

그런데 늘 잘한다고 응원해 주는 보람이가 없으니까, 또 항상 웃는 나리가 없으니까 기운이 나지 않았어요.

다른 친구들은 소곤대며 재미있게 친구 얼굴을 빚는데 두리만 혼자, 아무 말 없이 찰흙을 만졌어요.

비 오는 날, 혼자만 뚝 떨어져 빗물에서 뱅뱅 돌고 있는 나뭇잎이 된 기분이 들었어요.

의심하다 확실히 알 수 없어서 믿지 못하다.

친구를 의심하면 친구의 마음을 아프게 할 수 있어요. 의심의 감정이 생기거든 정확하게 아는 게 우선이에요. 누군가 나를 의심하면 기분이 나쁘듯이 친구도 그렇다는 것을 기억하세요.

두리가 만세와 티격태격했어요.

"또 네가 잃어버린 거지?"

"아니야, 반두리! 나 네 지우개 안 가져갔어."

두리는 지우개가 없어진 걸 알고 만세에게 따져 물었어요.

"전에도 네가 내 지우개 빌려 가서 안 돌려줬잖아. 그래서 또 샀는데, 네가 또 가져간 거지?"

"아, 아니야! 나 안 가져갔다니까."

"그럼 내 지우개 이디 갔냐? 넌 아무도 안 빌려줬는데."

만세가 자꾸 아니라고 하는 데도 두리가 따지니까 반

친구들이 모여들었어요.

"반두리, 만세가 안 가져갔다잖아. 왜 만세 말을 믿지 않냐? 네 말을 다른 친구가 믿지 않으면 넌 좋아? 좋겠어?"

티격태격, 쉬는 시간에 교실 안이 시끄러운데 뒤쪽에서 누군가 소리쳤어요.

"이 지우개 아니야? 동그란 피자 모양 지우개?"

두리는 그 순간 뒤쪽을 바라보았어요. 찾던 지우개였어요.

두리 얼굴이 새빨개졌어요. 만세를 쳐다볼 수가 없었어요. 그런데도 두리는 만세에게 미안하다고 말하기는커녕 뾰로통하게 성을 내며 말했어요.

"전에 네가 내 지우개 잃어버린 적 있잖아. 그래서 네가 또 그랬는지 알았지 뭐."

자랑스럽다 남에게 뽐낼 만한 데가 있다.

분리수거를 잘한 동네를 뽑는데
우리 동네가 뽑혀서 참 자랑스러워요.
학교 대표로 상을 받는 친구가 참 자랑스러워요.

"오우, 뷰티풀! 뷰티풀!"

두리는 무슨 말인지 몰라 선생님께 물었어요.

"선생님, 무슨 말이에요?"

"으응, 아름답대."

두리는 환한 얼굴로 씨익 웃었어요.

그때 필리핀 선생님이 엄지를 척 들어 보이며 다시 한 번 말했어요.

"넘버 원!"

누리는 선생님이 필리핀 선생님과 이야기를 나누는 사이 거울에 비친 자신을 보았어요.

"역시 난 예쁘다니까."

두리는 마침 색동 한복이 집에 있어서 학교 도서관 행사에 참석을 하게 되었어요.

오늘따라 엄마가 머리를 땋아 댕기를 매어 준 것도 아주 예뻐 보였어요.

두리는 도서실을 배경으로 사진 찍을 준비를 하고 있는 선생님께 다가가 소곤댔어요.

"선생님, 제가 그렇게 아름답대요?"

"으응? 한복……, 한복이 아주 아름답대. 최고래. 두리가 아주 큰 일을 했어."

그때 다시 한 번 필리핀 선생님이 외쳤어요.

"한복! 한복, 넘버 원!"

"난 또……."

아주 잠깐, 자신이 아닌 한복에 대한 칭찬이란 걸 알고 실망했지만, 두리는 금세 어깨를 으쓱해

보였어요.

"내가 우리나라 전통의상을 알리는 일을 했어. 아주 멋진 일을 했어!"

두리는 마음까지 들떠 다시 한 번 어깨를 으쓱해 보였어요.

조마조마하다

조마조마하다 앞으로 생길 일에 대해 걱정이 되어 마음이 불안하다.

혹부리 영감은 산속에서 도깨비를 만났을 때
마음이 조마조마했을 거예요.
영화에서 괴물을 본 이후, 밤만 되면 조마조마했어요.

"너어, 나 놀렸지?"

두리는 입을 씰룩거리며 다빈이 자리를
쏘아보았어요.

마침 쉬는 시간이라 다빈이는 자리에 없었어요.

두리는 화가 난 채 저벅저벅 걸어가 다빈이 책상 앞에
섰어요. 그러고는 다빈이 책상에 있는 공책을 펴서
낙서를 했어요.

넋 말미잘 돼지 똥꾸빵꾸야!
앞니 빠진 얼룩말!

이렇게 써 놓고 자기 자리로 돌아왔어요.

그런데 그 순간, 다빈이가 앞문으로 들어오면서 이렇게 말했어요.

"반두리, 복도에 네 신발 떨어져 있어서 내가 제자리에 놓아 줬다! 고맙지?"

순간, 두리는 조금 전에 한 일이 걱정되었어요.

'어떻게 하지?'

한 발 두 발, 다빈이가 자기 자리와 가까워지는 것을 보자 마음이 점점 더 두근두근……

'다빈이는 내 신발을 주워 올려놓아 주었는데, 내가 낙서한 줄 알면…….'

'뭐 어때? 다빈이가 먼저 날 약 올려서 한 건데?'

'설마 내가 한 줄 알겠어?'

마음속에서 둥둥둥둥 북소리가 쉬지 않고 들리는 것 같았어요.

"아, 어떡해? 드디어 봤어."

두리는 다빈이가 호랑이처럼 눈을 부릅뜨고 '이것 누가 썼어?' 하고 소리칠까 봐 걱정되었어요. 앞으로 일어날 일이 겁이 나 눈을 꼬옥 감아 버렸어요.

지루하다 같은 상태가 계속되어 싫증이 나다.

같은 낱말을 스무 번씩 쓰는 숙제는 지루해요.
매일매일 똑같은 일만 하는 기계처럼
살아야 한다면 지루할 거예요.

"아~ 흠, 졸려."

두리는 하품을 크게 했어요.

"야, 하품하지 마. 재미없다고 하면 선생님이 그만 보자고 할 수도 있어. 넌 공부하는 게 좋냐, 영화 보는 게 좋냐?"

찬이는 두리가 하품하는 것을 보고 두리 팔꿈치를 툭 치며 말했어요.

"야, 하품도 내 마음대로 못 하냐? 넌 재밌어? 계속 곰만 나오는데? 숲에도 곰, 호숫가에도 곰, 산속에도 곰……."

"곰의 일생이니까 그렇지."

"숲에 곰만 있냐? 다른 동물도 좀 보여 줄 수 있지."

두리는 수업과 관련된 영화를 보는 동안 계속 하품을 했어요. 찬이와 티격태격하면서요.

"거 봐, 계속 곰만 나오지?"

두리는 영화를 보다가 책상 위에 펼쳐 놓은 책장을 넘겼어요.

"한 장, 두 장, 세 장……."

책장을 세어 보기도 하고 책을 거꾸로 놓았다가 뒤집어 놓았다가 하며 딴짓도 했어요. 앞사람 의자를 툭툭 치며 발장난도 하고요.

"언제 끝나? 왜 이렇게 시간이 안 가는 거야?"

두리는 졸음을 간신히 참았어요. 자꾸 고개가 끄덕여지는 걸 참으며 빨리 시간이 가기를 기다렸지만, 30분이 세 시간처럼 느리게만 느껴졌어요.

편안하다

편안하다 편하고 걱정 없이 좋다.

삼촌은 어려운 시험이 끝나서 편안하다고 했어요.
휴지를 버린 사람이 내가 아니란 게
밝혀져 편안했어요.

쾅당!

두리는 깜짝 놀랐어요. 자기 책상 옆을 지나가던 만세가 넘어져서요.

그 순간, 두리는 마음이 찔렸어요.

두 발을 모으고 앉아 있지 않고 책상 밖으로 오른발을 쭉 빼놓고 앉아 있었거든요. 그 발에 걸려서 만세가 그만 쾅!

"선생님, 만세 넘어졌어요!"

찬이가 선생님께 알렸어요.

두리는 선생님을 얼른 바라다보았어요. 만세가 자기 발에 걸려 넘어졌다고 하면 선생님께 야단맞을까 봐요.

"어쩌다가?"

"뭐, 뭐에 걸린 것 같아요."

"얼른 찬이랑 보건실에 다녀와라."

찬이의 팔을 잡고 가는 만세 얼굴을 보니 많이 아픈 것 같았어요.

두리는 마음이 조마조마했어요.

'만세가 보건실 갔다 와서 나 때문이라고 말하면 어떡하지?'

두리는 계속 걱정을 하다 용기를 내 선생님께 사실대로 말했어요. 선생님은 두리에게 사실대로 말해 줘서 고맙다고 했어요.

"만세 아파하는 것 봤지? 만세를 일부러 넘어뜨린 건 아니지만 친구들이 네 발에 걸려서 다칠 수 있으니까 꼭 책상 안으로 발을 모으고 앉으렴. 알았지?"

두리는 선생님 말씀을 듣는 순간, 마음을 꽉 채웠던 걱정이 다 없어진 것 같았어요. 마음을 꽉 누르고 있던 걱정이 사라지자 푹신한 의자에 앉아 쉬는 것처럼 좋았어요.

허전하다 무엇을 잃어버리거나 의지할 곳이 없어진 것 같아 서운하다.

가장 친한 친구가 전학을 가고 나니 허전해요.
십 년 동안 쓰던 의자를 치우니 허전해요.

"모처럼 딸내미 학교에 오니까 기분 최고다!"

두리는 학교에서 하는 '아빠와 둘이' 캠프에 참가했어요.

"엄마 없을 때 우리가 좋아하는 것 맘껏 먹어 보자."

아빠는 운동장에 텐트를 치자마자 배낭 속에 있는 과자들을 보여 주었어요.

"좋아요, 좋아. 저도 아빠랑 오니까 기분 최고예요."

두리는 운동장에 있는 여러 텐트를 바라보며 신나는 목소리로 말했어요.

"우리 내년에도 또 오자."

두리는 달리기, 아빠랑 함께 하는 요리, 장기 자랑을

하면서 아빠와 아주 신나는 시간을 보냈어요.

"이제 텐트에 들어가 푹 쉬세요. 낼 아침 기상은 7시입니다."

안내 방송과 함께 두리는 아빠와 텐트에 누웠어요. 그런데 잠이 오지 않았어요.

늘 잠자기 전에 '엄마 꿈꿔라, 반두리!' 하던 엄마 목소리가 들리지 않으니 잠을 잘 수가 없었어요. 딱 하룻밤 엄마 없이 지내는 건데도, 오래 못 본 것처럼 조금 슬펐어요. 또 '누나, 나보다 먼저 자면 안 돼.' 하던 귀여운 준이 목소리가 들리지 않는 것도 이상했어요. 당장 준이를 보게 되면 막 뽀뽀를 해 줄 것 같았어요.

두리는 작년에 외할머니가 집에 열흘 계시다가 시골로 가신 날처럼 마음이 텅 빈 것 같은 기분이 들었어요.

후회하다

후회하다 이전의 잘못을 깨닫고 뉘우치다.

후회하는 감정이 들면 새로운 마음을 갖도록 노력해 봐요.
이미 지나간 시간은 되돌릴 수 없으니
앞으로의 계획을 세우고 잘 지키는 게 중요해요.

"나 돈 엄청 많이 모았다."

"정말? 좋겠다."

"나 이제 갖고 싶은 것 다 살 수 있어."

두리는 나리에게 자랑했어요. 그러고는 그날 저녁 문방구에 가서 그동안 갖고 싶던 것을 샀어요.

샤프, 인형, 지갑, 캐릭터 수첩, 반지……. 열 가지는 산 것 같아요.

다음 날, 두리는 이것들을 학교에 가져가 자랑했어요.

"와, 정말 예쁘다. 나도 갖고 싶어."

"집에 팔찌, 머리핀도 있어. 정말 예쁘다!"

두리는 나리와 보람이가 부러워하는 걸 보고 기분이

좋았어요.

그런데 그날 밤, 두리는 일주일 뒤가 엄마 생일이란 것을 알았어요.

"반두리, 반준! 엄마 생일 꼭 기억해라."

갑자기 두리 얼굴빛이 어두워졌어요.

"어떡하지? 돈 다 썼는데. 작년 엄마 생일 카드에 올해는 꼭 엄마한테 선물을 할 거라고 약속했었는데."

두리는 '괜히 물건을 많이 샀나 봐.' 하는 생각이 들었어요.

"준아, 엄마 생일 선물을 사야 하는데, 누나 돈이 하나도 없어. 이럴 줄 알았으면 샤프를 안 사는 건데. 수첩도 안 사고 머리핀도 안 사는 건데……."

"그러니까 돈은 아껴 써야 하는 거야. 알았지?"

두리는 준이 말을 들으면서 우는 흉내를 냈어요.

엄마 선물 줘~

사 놓은 물건을 보면서 중얼거리기도 했어요.

"가져가서 돈으로 바꿔 달라고 할까? 괜히 많이 샀어. 이제부터는 돈을 아껴 쓸 거야."

두리는 그만 먹어도 되는데, 욕심부려 빵을 다 먹은 뒤 배탈이 난 것 같은 기분이 들었어요. 너무 많이 샀다는 생각이 들었어요.

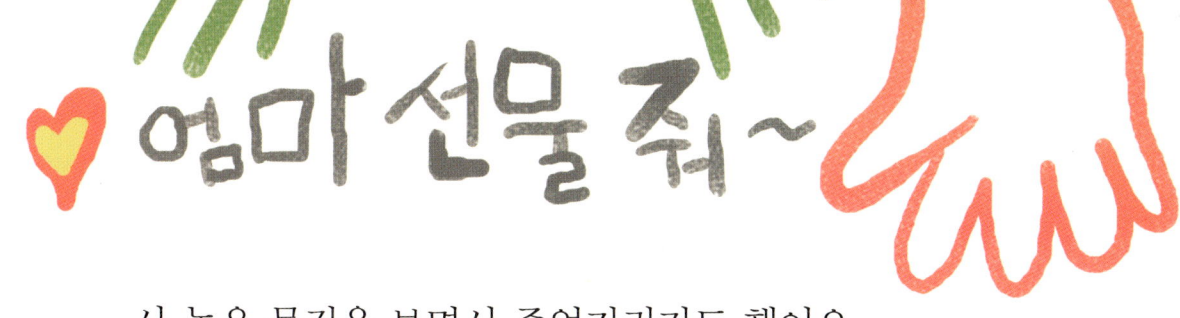

*〈안녕 자두야〉 시리즈는 계속 출간됩니다.

국어 교과서(3학년 2학기)에서 안녕 자두야 를 만나세요!

몰래 하는 모든 것은 재미있어요!

선생님 몰래, 엄마 몰래, 친구 몰래
혼자만 간직하고 싶은 이야기가 가득합니다.

쉿! 비밀이야 시리즈 | 각 권 값 9,000원 | 올컬러

❶ 쉿! 비밀이야 선생님 몰래
❷ 쉿! 비밀이야 엄마 몰래
❸ 쉿! 비밀이야 친구 몰래
❹ 쉿! 비밀이야 아무도 몰래

조상들의 삶의 지혜를 배울 수 있는 교양서

수수께끼를 풀다 보면 전통의
가치를 스스로 배우게 됩니다!

수수께끼랑 놀자 시리즈 | 각 권 값 10,000원 | 올컬러

❶ 우리 문화유산에는 어떤 수수께끼가 담겨 있을까?
❷ 우리 전통 과학에는 어떤 수수께끼가 담겨 있을까?
❸ 우리 명절에는 어떤 수수께끼가 담겨 있을까?
❹ 불가사의 세계 문화유산 수수께끼

아이들의 상상력에 날개를 달아 주는 이야기!

주변의 익숙한 것들이 사라지는 상상을 통해
일상의 소중함을 깨우쳐 줍니다!

수상한 일기장 시리즈 | 각 권 값 9,000원 | 올컬러
황당한 일기장 | 값 9,000원 | 올컬러

❶ 우리 학교가 사라졌어요!
❷ 엄마 아빠가 사라졌어요!
❸ 학원이 사라졌어요!

화장실이 사라졌어요!

재미 솔솔~ 지식 쑥쑥! 역사의 흐름이 한눈에 보인다!

각 시대의 인물, 사건, 제도, 생활 모습 등을
구분하여 설명했기 때문에 역사의 흐름을
단숨에 파악할 수 있습니다.

역사 일기 시리즈 | 각 권 값 9,500원 | 올컬러

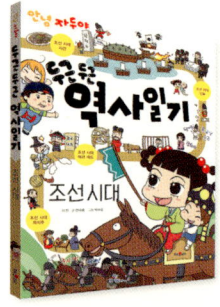 

❶ 두근두근 역사 일기 [조선 시대]
❷ 콩닥콩닥 역사 일기 [고려 시대]